上司的价值是多少?

敢于对没用的上司说不!

日本中央大学政策科学研究室　主编

李光东　于永谦　潘宇坚　译

哈爾濱工業大學出版社

图书在版编目(CIP)数据

上司的价值是多少？／日本中央大学政策科学研究室主编；李光东等译.—哈尔滨：哈尔滨工业大学出版社，2013.9
（价值几何系列）
ISBN 978-7-5603-3617-6

Ⅰ.①上… Ⅱ.①日… ②李… Ⅲ.①人际关系学－通俗读物
Ⅳ.①C912.1-49

中国版本图书馆 CIP 数据核字(2012)第 142441 号

版权登记号 黑版贸审字 08-2012-027

策划编辑 甄淼淼 刘培杰
责任编辑 苗金英
出版发行 哈尔滨工业大学出版社
社　　址 哈尔滨市南岗区复华四道街 10 号 邮编 150006
传　　真 0451-86414749
网　　址 http://hitpress.hit.edu.cn
印　　刷 哈尔滨市工大节能印刷厂
开　　本 787mm × 1092mm 1/32 印张 2.625 字数 70 千字
版　　次 2013 年 9 月第 1 版 2013 年 9 月第 1 次印刷
书　　号 ISBN 978-7-5603-3617-6
定　　价 18.80 元

前言

对于自己偶然跟随的上司，是不是只能听天由命了呢？除非你没有选择的余地，否则确实有些很不合情理。

当今社会的终身雇佣制度已经发生了变化，一个崭新的淘汰时代已经开始，你无意中跟随的上司也许会将你的人生搞得乱七八糟。就业需要竞争，升迁需要竞争，工作的成绩也要通过市场来评价，“你的价值”是由你能完成的工作决定的。但是，却没有评估上司的“市场”，这岂不是很不公平……即使是没有交易市场的商品，理所当然也是客观评价的对象，这并不是喜欢和讨厌的问题。让我们采用客观的评价方法代替“市场”对上司的好与坏进行打分吧。如果在一个糟糕的上司手下工作，就会经常受到挫折，这对你的身心健康也很不利。如果这样的事实已经影响了正常工作，但却不能被重视和彻底改变的话，那么这个公司就存在着致命的缺陷。

“因为自己的无能所以经常失败的上司”、“心术不正，以欺负他人为乐趣的上司”、“没有责任心，什么事情都会怪罪部下的上司”、“品性恶劣，让人无法原谅的上司”、“不论从哪个方面来看，都感到不适合的上司”等等问题，经常会在那些跟不上时代的变化、业绩持续下滑的公司中出现。与之相反，“上司非常优秀，为了他可以做任何事情”或者“不管上司说什么，都会做好自己的工作”等事例，经常会出现在行业变化激烈中有发展前途的公司里。某种程度来说，上司已经成为公司的一面镜子。至今还在被泡沫经济后遗症困扰的公司、精减人员失败的公司、商业战略错误的公司、即将被吞并的公司等等，只要在公司中残留着病因，那么这些病症就会淋漓尽致地表现在上司身上，一直会使你们烦恼和痛苦。

换句话说，没有好上司的公司不是能长期工作的地方，当今已经不是单靠忍受就可以开花结果的时代了。无论你如何努力却得不到回报的环境，恐怕会把你的人生弄得乱七八糟。

在这里借用“逃脱”或者“话语权”这两个词语。当上司与你之间不适合时，你是会离开（逃脱）公司呢？还是会提出建议要求改善（话语权）呢？需要你在这两个中选择一个。无论你选哪一个都是有风险的行为。但是，如果你一直逃避风险的话，你也就会逐渐变成跟你的上司一样的人了。

走出学校、参加工作、谈恋爱、建立家庭，这些人生的足迹——都是与公司息息相关的。不论哪种人生，都将是属于你自己的人生。通过给你的上司打分之后，再仔细考虑到底是应该选择“逃脱”或者“争取话语权”，还是选择“继续忍耐”呢？本书可以帮助你思考这个问题。

上司的行为出现问题的原因，可以认为有很多种情况。这不能仅仅归咎于他个人的品格问题，还有可能是公司体制问题，或者是公司在社会上的角色有问题。例如，由于经济长期不景气公司正面临破产，但是经营者却拿不出新的拓展方向以及战略方针，另外随着时代变迁，精简人员已经是势在必行，但是公司仍然无法改变以往的人事体制，还保留着一群无能的中层管理人员等等。在这种状况下，无论上司是否努力，都无法提高士气，业绩也不可能得到提升，而促使上司与下属的关系变得更糟。

对于这些各种各样的问题，本书并没有一味地归咎于上司本人，使上司与下属的关系僵化，而是对上司的人品以及出现问题的原因进行具体分析。

这里的评价方法不是采用“与理想上司进行对比，再用减分法推算出你上司的评价值”的方法。因为能够在复杂多变的现代企业里胜任的上司，需要具备多方面的才能。为了尽可能地体现上司的优秀方面，所以我们采用了加分法来进行评价。

针对你所讨厌的上司，也没有必要一概否定，即便是将上司的所有优点全部累加，如果满分采用 100 分的话，他也许只能得到 40 分或者 20 分的评价。如果最高评价值采用 2 亿 8 800 万日元（与本系列丛书“您价值几何”相同）的话，你上司算出的价值结果也许只有 1 亿 1 520 万日元，或者仅仅是 5 760 万日元。这就是你对上司的评价值。如果算出的结果比想象的要高，这就说明在实际工作中你的上司没有能充分发挥出自己的本事。其真正原因可能来自于公司内部，也可能是受到经济状况不好的影响，还有可能原因在你自己或者其他下属身上。

目录

组 织 论

一语道破，你的上司属于这种类型

part 1

按照“组织论”的观点，分析你的上司属于哪种类型。

上司的四种基本类型

说起公司，在现实中存在着各式各样的公司。由于每个公司的制度都各不相同，所以上司也分为很多不同的类型。

如果我们认为美国的公司、日本的公司、或者欧洲的公司都是相同的，那么一定有人会觉得可笑吧。其实，无论在什么地方都存在着一个普遍理论，那就是"组织论"。那么，首先让我们用"组织论"的观点来对上司进行评价吧。

无论是你自己还是你的上司，之所以在这个公司里工作，就是因为在公司里能够得到各自的利益，其中包括领薪水、参加社会保险、享受福利待遇等等。不仅如此，可以在工作中找到乐趣，将来还有可能得到更好的待遇……

为此，你需要为公司做出相应的牺牲，比如时间上被束缚、被要求做不喜欢的工作、面对讨厌的上司、应付烦琐的人际关系、承担不该承担的责任等等。

在通常情况下，公司给你的利益与你为公司做出的牺牲应该是处于一种平衡状态。

这种平衡并不是一种假想的状态。即使你觉得自己付出的牺牲要大于公司给你的利益，但如果不能选择跳槽的话，就需要进行自我调节，或者提高公司对你的评价或者降低你付出的牺牲，从而使这两者达到平衡状态。

上司也在做着跟你相同的事情。根据利益和牺牲的平衡状态，可以将上司分为四种类型：利益最大型、组织均衡型、牺牲最小型和不均衡型。在本书中，我们对这四种类型分别赋予不同的命名。

●利益最大型 = 精英型

他们的行为准则是，想尽办法从公司获取最大的利益。先确定自己对公司做出的贡献程度，在此之上考虑如何获取最大利益。这是符合常理的类型。

●组织均衡型 = 平庸型

这种类型的上司，通常会将自己对公司做出的贡献程度和从公司得到的利益始终处于恰好平衡的状态。他们脱离公司无法生存，公司的正常运转也不能离开他们，这就是组织一体化类型。

●最小牺牲型 = 无责任型

不管公司付给他们多少利益，他们都会将自己为公司付出的牺牲降到最低限度。他们认为即使自己不努力工作，公司也会正常运转。这是一种合理主义类型。

●不均衡型 = 没用型

公司付给他们的利益会远远大于自己做出的贡献。他们的行为缺乏一贯性，属于最不适合做上司的无组织类型。

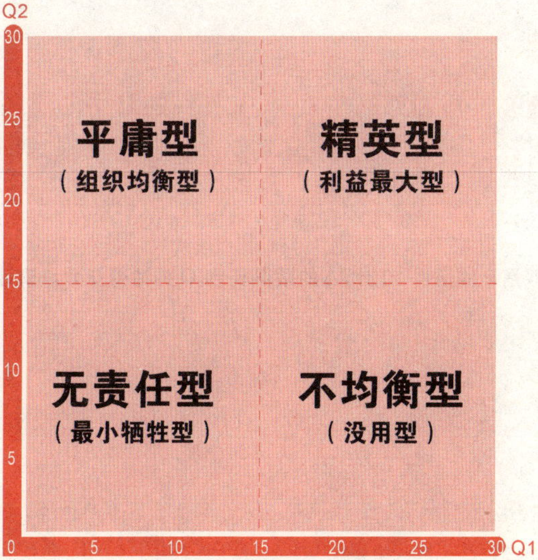

图 1　上司的基本类型

你的上司属于哪种类型?

现在就开始分析你的上司属于哪种类型吧。请一边回想着自己的上司一边回答下面的两个问题。

Question 1

如果你认为自己的上司符合下面的描述,就画 O,如果不符合就画×,如果感觉都不适合就画△。

①完全是一个工作狂,对公司之外的事情几乎没有兴趣。

②通晓公司内部的情报,具有扎实的公司内部联络网。

③对新事物没有兴趣,更不想插手去做。

(回答是×的话得 10 分,△的话得 5 分,O 的话得 0 分,请计算总得分。)

Q1 total 分

Question 2

你认为自己的上司符合下面的哪种描述，每道题的满分为 10 分，根据符合程度来进行打分。

①很会照顾人，但有时候也会多管闲事。

②“自己是管理层”的想法很强烈。

③虽然认为上司要承担最终责任，但也很会转嫁责任。

（算出三个问题的总得分）

Q2 total 分

判断上司的基本类型

通过这个结果，就能知道你的上司属于哪种类型。在图 2 中，横轴和纵轴的虚线位置都是 15 分，将得分分别标在坐标轴上。（横轴是 Q1 的得分，纵轴是 Q2 的得分）。

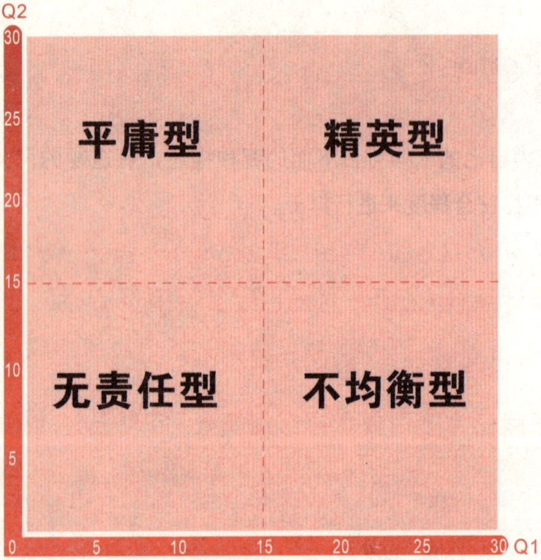

图 2　上司的基本类型

Q1 的得分 > 15 分 & Q2 的得分 > 15 分，属于精英型。

Q1 的得分 < 15 分 & Q2 的得分 > 15 分，属于平庸型。

Q1 的得分 < 15 分 & Q2 的得分 < 15 分，属于无责任型。

Q1 的得分 > 15 分 & Q2 的得分 < 15 分，属于没用型。

当 Q1 和 Q2 的得分都是 15 分，在图中位置正好处于中间的虚线交汇处，这就说明这个上司具有所有类型的性格，是一个让人捉摸不透的人。

如果哪一个的得分是 15 分，正好处于中间的虚线位置的话，请将 Q1 中画△的得分改为 4 分或 6 分，也可以稍微调整 Q2 的得分。此外，因为这样的上司具有两种类型的特点，在 PART2 之后的评价中可以再次使用。

那么，你的上司属于哪种类型呢？

精英型、平庸型、无责任型、没用型———无论哪种类型，都有各自的长处和短处。请仔细阅读下一页中的分析内容，来决定应该如何与上司相处。只要能准确地掌握他们的行为规则，就会成为你的“操纵上司指南手册”。

当然，也可以用这些问题对你自己进行提问，这种方式称为“换位思考”。请一边想象着将来自己成为上司，然后回答这些问题。这个时候你可以发现，在过去没有意识到的“自己”会浮现出来。

在这里首先声明，我们的目的不是通过判别上司类型来评价他的自身价值。上司的类型有很多种，根据不同的类型，采用不同的方法对其进行评价。这个分类方法将在 PART2 之后的评价中起到重要作用，所以在最开始的分析不要出现错误。

精英型

即使本人没有很强的实际业务能力,但是只要貌似可以胜任工作,就会被人称为“精英型”。因为他们的精英意识很强,而且被周围的人认为是精英,所以他们才成为了“受人尊敬的上司”。他们具有“只要成为精英,上下属的关系就不能出现失败”的想法,一般情况下他们很会照顾部下,还会在一定程度上得到上司的信赖。虽然他们并不是真心为了部下和上司做些什么,但是也会在不知不觉中逐渐成为责任人。

但是,如果遇到恶劣的事态时,就会表现出另一面,他们会害怕因为承担不好事情的责任而给自己的经历上抹黑。当处于逆境的时候,他们不仅会拿部下出气,下达一些毫无道理的命令,还总是会把责任转嫁到部下身上。

他们也许会成为商量的对象,但是你不要过于期待会得到有用的建议。如果你是“发发牢骚,心情就会变好”的类型,也许会有一些商量的价值。如果你不是精英的话,这种类型的上司是不会跟你推心置腹的。说到底,“精英”这个招牌意味着“人格不受损伤”。只要懂得这些方面,就能够建立良好的上下属关系。

在这其中,确实也存在名副其实的精英。这些人将来会挑起公司的重担。另外,也有一些人表面虽然很像精英却没有任何实际能力。这种人总有一天会被降职的。此外,也有一些人仅仅是挂着“精英”的头衔,没能出人头地就已经结束了。还有一些人,本来不是精英,但因为工作出色而在中途被提拔成了精英。

精英型的上司对于公司来说,是能否在21世纪充满活力地生存下去不可缺少的人才。缺少这种类型优秀人才的公司,前途一片黑暗。

从学生时代开始，发型就是三七分。如果头发梳得不够整齐，一整天都会感觉不舒服。

为是一流大学毕业的，同学中有很多人都已具有一定的地位。为此骄傲。

虽然总是摆出一副有钱的样子，但是因为住房贷款的压力，每个月只有 3 万日元的零花钱。因此总是躲开大家，一个人偷偷地把富士拉面或麦当劳当做午饭。

即使工资不高，但是西服却一定要穿 10 万日元以上的名牌。

同期员工中属于是升比较快的。因为同期的同事看成是争对手，所以不会易被邀请跟他们一去喝酒。

平常穿 Polo 品牌的 T 恤衫。但实际上是妻子在超市买的假名牌(本人并不知情)。

没有意识到自己爱用的科隆香水，在属下的女职员中并不受好评。

皮鞋一直擦得锃亮。当然这不是妻子擦的，而是自己擦的。

平常总说一些抽象的虚无缥缈的话。说不出具有现实意义的业务话题。

精英型的上司，怎么会做到这种地步！

“转嫁责任”是精英型上司常用的手段！

不管人手怎么不够用，自己认为可以不用做杂活。

自己吩咐工作之后，还不让加班，真是不讲道理。

只要是影响自己晋升的事都不想去做。

精英型上司，不管什么事都爱炫耀一下。

- 这种类型的上司总是装作一副听取大家意见的样子，其实谁的意见也没听进去，只会强制执行上面的方针，使自己能够顺利晋升。看看他们狡猾的手段吧：让部下说出意见，使部下误以为上司听取了下面的意见而感到满足，上司还会得到晋升。
- 去跟客户道歉的时候，总是说“真是对不起，是因为我的部下太笨”。可是，当初就是他让部下做的！
- 他们还遗留着泡沫经济时代的想法，总是喜欢吹嘘自己当年的销售方法。
- 这种类型的上司，很偏重一流大学的学历，看不起派遣员工，不想把工作交给他们。他们总挑派遣员工的毛病，一个细节都不放过。应该有比这个还更需要的事情吧！
- 动不动就喜欢开会。即使是通过公司内部 E-mail 就能解决的问题，也要召集全体部门员工开会说明。说是“开会”，常常是科长在滔滔不绝，部下只是听众而已。但我们还有很多工作要做！！
- 作为海外分店的经营型上司，不应该做“哎呀，抱歉”的事情。

平庸型

这种类型的上司在公司工作的时间比较长，所以了解公司所有的事情。从这方面来看,他们虽然是公司宝贵的人才,但是换个说法的话，他们在公司里的角色就像小学校里做杂事的职员一样。他们很会照顾部下,还能对公司内部提出合理的意见,但是,这些对外界却行不通。

在他们身上还遗留着公司以前的体制，因为跟不上公司的大型战略调整,而表现出可怜的一面。他们花了几十年的时间,虽然好不容易才掌握了公司的“精神”,但如果不能盈利的话,公司就会很轻易地丢弃这种“精神”。从这种类型的上司身上,你可以学到“就算是你一心一意做事情,也有可能得不到什么回报”。

如果你想在这家公司干一辈子,那你就应该知道,能遇到一个好的上司该是多么幸运的事情。

也许你会感觉很意外，在实战中最能起作用的就是这种类型的上司。在日本当初经济高速增长时期,他们是扩大出口贸易的先驱者。他们到现在都一直深信“做销售就是要跟客户喝酒”的道理。同时他们也会认为应该跟部下一起去喝酒。即使你想早点回家，他们也会常常劝你一起行动。虽然每次去的都是小酒馆,但跟其他类型的上司比起来,他们请客的次数还是比较多的。

但是这类上司经常无法正确理解上面的命令，而让部下做很多徒劳的工作。特别是在这个瞬息万变的时代,要注意,不要因为跟不上时代的工作方法而造成反复出现的错误。如果在IT部门有这种类型的上司,可以认为这个公司就已经相当危险了。

从高中毕业开始工作，能够得到现在的地位，感到很骄傲。

单纯靠人情世故就能够取得业务。

有男尊女卑的封建主义思想。

很重视过节时的问候。每年都会早早准备好贺年卡。

至于海外旅行，仅仅是在女儿结婚时去过一次关岛。

身上常常带有酒味。

的都是普通西服，且只有几件衣服。

总是喝日本烧酒（喜欢类似“拿破仑酒”味道的烧酒）。

年末和中元节一定会给上司和介绍人送礼。

虽然买了住房，但是每天上班都要花2个小时。

袜子是普通袜子。鞋子都不超过1万日元，而且不经常擦亮。

虽然本人自认为是一家之主，但是妻子却认为，只要对他说“是，是”应付就可以了。

平庸型的上司，怎么会做到这种地步！

平庸型的上司很喜欢带有性别歧视的观点。

过于强调上司和部下的关系。不这样的话，就会不安心吗？

认为女职员只要会端茶倒水就行了。非常落后的想法！

在已经没有人要带亲属参加聚会吧。
息天让我们好好休息吧~

不要什么事情都说“紧急”啊!

- 就算部下想回家,也会硬留下他们,劝他们一起去吃晚饭。虽然嘴上说“我多付些好了”,其实也就是多付个零头,其他的还是AA制。
- 有一次主任让我把传真发到他出差的地方。我立刻发过去后,并与对方做了确认。正当我认为万无一失的时候,主任却打来电话生气地说“传真怎么还没发过来?”。我很纳闷,又发了一次。过后,我问过一同出差的同事,原来是主任自己把文件弄丢了。为什么不说真话呢!
- 为了一点事情,就会变得很冲动的责问语气。怎么就那么爱生气呢,真是让人想不通。
- 不在会议上决定企划的内容,而是在酒桌上决定。感到离奇而提出抗议的话,他就又将“女人”这个词搬出来,会说“女人很麻烦”。
- 优柔寡断。
- 抠鼻子、沾吐沫翻文件、背后肩上总是有头屑……他在旁边简直是个公害!
- 无论递交什么样的企划书,都只停留在科长那里。

无责任型

以前有一首歌里是这么唱的“上班族是最轻松的赚钱行业”。这种类型的上司就正如这句歌词所说的那样,对于上面吩咐的事,尽可能花最少的代价去完成。他们可以称得上是偷懒达人,就算你跟他们商量什么事情,他们也不会认真对待。

虽然他们的领悟能力很好,但是因为不能提高业绩,一旦公司不景气,他们就最早成为被裁员的对象。

因为他们没有什么干劲,不会想到要为别人做些什么,当然也不会照顾部下。他们总是给人一种“你自己随便做做就可以了”的感觉。

虽然,他们平时无所事事,但是在实战中,还是有比较强的一面。他们精通处世之道,能掌握在同期生中升迁者的弱点,还很得客户老板的赏识之类。当公司面临破产的时候,也许是这些人能够拯救公司。

他们很擅长欺负部下,所以最好不要招惹他们。对于一心一意工作的下属来说,他们可能是让人难以忍受的上司,但是对于那些“现在的公司,仅仅是一个跳板”的下属来说,他们也许是一个难得的好上司！要注意的是,当这种上司的工作压力很大的时候,你是不可能清闲的。因为他们自己不会去做很多事情,所以,很明显,只会把工作推给下属。

不管怎么说,遇到这种上司的话,部下就只能认真把关了。为了应付这种不负责任的上司而过于分心的话,对工作就不会有热心了。也许你也会被认为与这样的上司是同类,而被同事们所疏远。

现在终身雇佣制度已经被瓦解,上班族肯定不再是“轻松的行业”了。在对上司发牢骚之前,更重要的是掌握对付无责任型上司的好方法。

对于喜欢的事情，会很认真，但是工作除外。
出乎意外的是，对文化教养方面也很了解。
家庭内部的关系很好。
乐观主义。
总是在工作时间看报纸，对社会上的事情很了解。
很熟悉公司附近可以偷懒的地方。最近经常去有漫画的茶馆。
对西服根本没有讲究。就算是同事穿过的也乐意穿。
妻子很能干，连做小时工的地方都非常信任她。
对房子没有讲究。只要离公司近就行。因为工资也不是太高，虽然住在市中心，也只是旧的公寓。
与当清扫工的阿姨和厨房做饭的阿姨关系也比较好。

无责任型的上司，怎么会做到这种地步！

即使是干劲十足的新员工，也会泄气的。

把自己的工作推给别人的手段
可谓是天下第一。

喂，那是给公司寄来的中元节
礼品！什么都想据为己有。

就这样还能拿工资……真有些羡慕！

- 总是把工作推给别人。不管有什么事情，自己都不想去工作。
- 不知道有没有看过你在很久之前交上去的报告书。当被上司问起来的时候，他们总是要求下属再重新提交一份。
- 关于索赔的汇报，本来应该是上司做的，到了当天却突然说"这回应该是你去应对吧"。好不容易处理后，他却在报告书上签上了自己的名字。
- 部长的办公桌被隔板隔出来。部长在里面随心所欲。剪指甲。刮胡子。公司不是你家！
- 公司特意配发的电脑，居然只用于打游戏。连公司内部的邮件也要让部下打印出来。
- 他们会很不在意地说出"即使努力，也不会涨工资的～"之类让部下泄气的话。
- 让部下帮他们做一些私人的事情，比如预定高尔夫球场，帮他买他老婆委托的东西。

没用型

这种类型的上司原本就是个没有组织能力的人，别说做上司了，连作为工薪族都不适合。他们平时总是被上面的人责骂，就连部下也会感觉他们是非常可怜的人。关于工作上的事情，最好不要和他们商量，估计你也不会去找他们商量吧。

但是如果是私人方面的事情，他们很可能是个不错的商量对象！他们在公司没有实际作用，因为没有工作能力，所以很容易被人认为是一个窝囊废。但是，这种类型的上司虽然与公司的组织完全合不上，却并不是品性恶劣的人。

他们也许会临阵脱逃，不过他们原本也没有什么战斗能力，公司也不会太为难。虽然他们是完全靠不住的上司，但只要最开始不要抱有期待就可以了。能这样的话，作为下属也就不会感到很累，从某种意义上说他们还是“好的上司”呢。

从进公司开始，他们就是多余的存在，任何人都不会对他们抱有期待。大家也只会觉得这种人能进入公司真是不可思议。到目前为止，他们从没有在公司的重要部门任过职。对于在这类上司手下工作的你，公司也不抱有任何期待。如果你想出人头地的话，建议你尽早离开那个部门吧。

尽管被与自己女儿年龄相仿的女部下所轻视，并在公司里被欺负，但因为本人意识不到这些事情，所以在某种意义上来说，他们也是个幸福的人。但是，被骂之后的他们确实不会很好受，有可能会将矛头转向你们。他们把部下当成撒气桶的时候，仅仅一笑而过是不行的。这时候需要他的上司好好管他，除此之外没有其他办法。如果连他的上司也属于这种类型的话，那就真的没有办法了。只能认为你实在是太不幸了。

对于一些无关紧要的事情很上心，重要的事情反而不起作用。

一旦生气，就无法靠近。

有过网恋的传闻。

喜欢猫。午休时间经常在公司附近的公园和猫一起晒太阳。

经常在公司里哼歌。

好几年才买一套西服。不是因为买不起，而是不感兴趣。

比较孝顺，到现在，母亲过生日的时候还会往老家寄花。

很喜欢喝酒。以前是做销售的，在过去虽然某种程度上能够使用公司经费，但是现在已经没有这些权利了。随着喝酒的次数逐步减少，欲求不满的心情就慢慢积攒起来了。

高兴的时候会跳来跳去，所以别人马上就会知道。

在公司经常玩扑克游戏，是游戏通关很快的名人。

没用型的上司，怎么会做到这种地步！

总是在打私人电话。到底什么工作！？

不做事情，却喜欢听别人的悄悄话。

根据天气决定做事，太可怕了……

总是想尽办法把自己喝酒的发票报销。

没用型的上司碰过的资料，上面一定沾满了很多唾液。

- “因为你工作能力不够，那就休息日加班吧”。总是很随意地说出这种让人讨厌的话。
- 对公司年末聚会等事情，总是过于上心，而且还将这些强加给部下。社长到场的时候，会要求全体员工起立，直到社长就座后才能坐下。
- 每次请他盖章的时候，都必须详细说明。
- 每次去卡拉 ok 的时候，总是一个人独撑场面。哪怕是“招待客人的场面”，也不会改变这种做法。从某种意义来说，是不是也值得尊敬呢？
- 外国客人来的时候，就会很微妙地兴奋。让旁边的人都会觉得不好意思。
- 很喜欢说无聊的笑话。感觉太无聊而忽视他的话，他就会生气。这可如何是好呢～。
- 总是想处于领导位置。
- 喝醉的时候总说自己多么多么辛苦。而且每次说的内容都一字不差，难道是藏了录音机？真让人怀疑。

“上司的价值是多少？”回答方法的流程图

①首先通过 Q1 和 Q2 判断上司的基本类型。

➲上司的基本类型分为四种，即“精英型，平庸型，无责任型，没用型”。

②算出 Q3 到 Q10 的评价值。

➲需要注意，根据①中不同的基本类型，评价值的计算基准也不一样。

③把 Q3 到 Q10 的评价值全部相加。

➲算出 Q3 到 Q10 八个评价值的总和。这个总分是在最高 10 000 分到最低 316 分之间。

④用计算结果除以 100，换算成满分为 100 分的分数。

➲算出正确分数之后，请用这个分数除以 100。得出的数值在最高 100.00 分到最低 3.16 分之间。这就是你上司的综合得分。请阅读第 4 阶段的综合评价内容。

⑤那么，将上司的价值相加吧！

➲将综合评价换算成价值。换算公式：综合评价分数×288 万日元。

行为学

part 2

首先从“行为学”的观点，对你的上司进行评价。

上司的补充类型 I

在组织理论中的行为学的前提是，人们的行为不是以追求最大化为目的，而是为了达到能符合各项基准的“满意程度”。通常情况下，这个基准(要求水平)将随着达到的程度，而不断地慢慢提高。

“快速地完成工作”和“即使是花些时间，也需要谨慎地并且分毫不差地进行工作”这两者之间常常是互相矛盾的。速度过慢会出现问题，没有质量当然也不行。在这个时候，就需要满足一个适当的要求。将这个适当的要求称为工作中的最佳水平。此时的最佳速度，绝不是由销售额或者最大利润等来决定的，而是从行为美学中的“拼尽全力工作”或“心情舒畅”观点，并确定适当尺度的允许范围之上决定的。

因为公司是一个小的社会，所以你在工作的时候不仅需要具有遵守秩序的意识，还要具有能够了解秩序背后的人情世故的智慧。不过，一些具有人气的人可能会完美地打破这些秩序，还有可能带领大家锤炼出一个崭新的公司秩序。

这里的补充类型 I，还可以分为以下 4 种类型。

- 兢兢业业型：忠实执行上面的命令，最终成为维持秩序的人。作为这种类型上司的部下，你也就只能拼命努力跟上了。
- 不求上进型：“不需要很努力工作”，这样的工作态度，促使他们的部下至今也没有紧张感。
- 偶像型：很讲究，有上司的样子，能够潇洒地带领部下工作。他们往往会打乱公司的秩序。
- 经理型：不土气，会慎重地遵守公司秩序的上司。

Question 3

一边回想你的上司，一边用 YES 或 NO 回答下面的问题。YES 的话，就回答 1，NO 的话，就回答 0。

①很讲究，有上司的样子。
②若无其事地穿着名牌，很时髦。
③喜欢别人称赞他工作上的业绩。
④和部下一起去吃饭的时候，一定要自己付钱。
⑤让人感觉他是个脑袋转得很快的人。

①	②	③	④	⑤

Question 4

一边回想你的上司，一边用 YES 或 NO 回答下面的问题。YES 的话，就回答 1，NO 的话，就回答 0。

①总是按规矩办事。
②慢慢地走，绝对不会跑。
③仔细检查是否按照规则工作。
④不相信部下的借口。
⑤早上总是比部下早到公司。

①	②	③	④	⑤

上司的补充类型 I 的判断方法

首先根据答案的排列方式在下表中找出对应的得分数。例如，如果 Q3 的答案是①YES、②YES、③NO、④YES、⑤YES，排列顺序即为“1、1、0、1、1”。在下面的表格中，这个排列顺序对应的得分为 27 分。以同样的方法，找出 Q4 对应的得分。

问题①	问题②	问题③	问题④	问题⑤	得分
1	1	1	1	1	31
1	1	1	1	0	30
1	1	1	0	1	29
1	1	1	0	0	28
1	1	0	1	1	27
1	1	0	1	0	26
1	1	0	0	1	25
1	1	0	0	0	24
1	0	1	1	1	23
1	0	1	1	0	22
1	0	1	0	1	21
1	0	1	0	0	20
1	0	0	1	1	19
1	0	0	1	0	18
1	0	0	0	1	17
1	0	0	0	0	16
0	1	1	1	1	15
0	1	1	1	0	14
0	1	1	0	1	13
0	1	1	0	0	12
0	1	0	1	1	11
0	1	0	1	0	10
0	1	0	0	1	9
0	1	0	0	0	8
0	0	1	1	1	7
0	0	1	1	0	6
0	0	1	0	1	5
0	0	1	0	0	4
0	0	0	1	1	3
0	0	0	1	0	2
0	0	0	0	1	1
0	0	0	0	0	0

根据 Q3 和 Q4 的得分，就能知道你的上司属于补充类型Ⅰ中的哪种类型。

横轴为 Q3 的得分，纵轴为 Q4 的得分，得分交叉点所在的区域就是你的上司在补充类型Ⅰ中所属的类型。

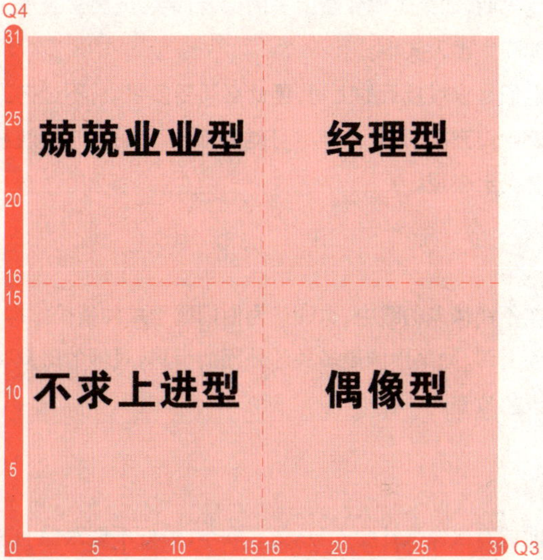

图 3　上司的补充类型Ⅰ

Q3 的得分 > 16 分 &Q4 的得分 > 16 分，属于经理型。

Q3 的得分 < 15 分 &Q4 的得分 < 15 分，属于不求上进型。

Q3 的得分 > 16 分 &Q4 的得分 < 15 分，属于偶像型。

Q3 的得分 < 15 分 &Q4 的得分 > 16 分，属于兢兢业业型。

从 PART 2“行为学”中分类得出的 4 种类型，非常适合用于对 PART 1 基本类型中的“精英型”的补充。

●经理型

如果你的上司是精英型的话

可以用下面的插画来直观描述上司和下属的关系。这类上司前途光明，如果工作业绩上去的话，可能会成为总经理。你也有可能随之出人头地。

他们是很难接近的上司，因此必须要多留心，不过在工作上你会感到很充实。平时做事尽可能要符合下属身份，请注意不要经常有突出表现。

如果你的上司是平庸型的话

在不知情人的眼中，也许认为他们属于那种装模作样、阿谀奉承的上司。如果你能更多关注外面的世界，对他的印象有可能发生大的改变。

如果你的上司是无责任型的话

他们有点像黑社会人员。为了安全，最好不要跟他们过于接近。

如果你的上司是没用型的话

他们用"杂学博士"的谈话技巧，让你们很开心。但是在工作上，还是不要依靠他们，最好是自己能够做好工作。

●不求上进型

如果你的上司是精英型的话

可以说你遇到了一位好上司。对上司的指示很信赖并愿意顺从，能成为很不错的部下。部下对他们的评价要高于上级给予的评价，即使业绩有所增长，但是很可能得不到晋升。你对此感到很抱怨，就会到小酒馆里发泄一下自己的烦恼。

能够与这种上司的私人关系处得很好，这方面虽然能够带来一些快乐，但在工作上可能得不到充实感。倒不如你立下功绩，给上司个礼物为好。需要注意的是，当失败的时候不要拉上司后腿。

如果你的上司是平庸型的话

他们所在的职场可能会形成温馨恬淡的气氛。虽然他们能在竞争激励的商业圈的最前线中存活，但是不要期待有很大的成功。

如果你的上司是无责任型的话

这种类型的上司很有可能被撤掉，你最好有这个心理准备。要注意不要使自己也受到牵连。如果他是一个令人讨厌、让人郁闷的上司，能被撤职真是太万幸了，是这样吧。

如果你的上司是没用型的话

也许你会慢慢迷失方向，不记得自己在这个公司工作的目的。你开始因"继续这样的话，能行吗"的问题而烦恼。

●偶像型

如果你的上司是精英型的话

他们在公司里具有很高的人气。因为他们能够把工作气氛弄得很热闹，所以当业绩顺利的时候能感到很充实。如果你能跟得上节拍的话，也会很顺利。

另一方面，因为是树大招风，所以要多加小心。虽然有能力将工作场所变得更加精炼，但是作为部下还是需要注意分寸为好。

如果你的上司是平庸型的话

你如果稀里糊涂地跟着这类上司可能就会有危险了。请注意不要出现“很努力做了事情之后，回头来却不知道到底为了什么”这类的事情。

如果你的上司是无责任型的话

在裁员或是大的失败之际，他们可能会突然消失。请事先做好准备，仅仅留下自己的时候工作不会太为难。

如果你的上司是没用型的话

对这种类型的上司，只能不予理睬了。因为他们的存在，跟工作基本上就没什么关系……

●兢兢业业型

如果你的上司是精英型的话

他们会成为最优秀的员工。他们是那种尽心尽力工作的人，所以你也就不得不为了上司拼命工作。对于那些只有工作中才能感到生存价值的人来说，可能是最好的上司。

虽然他们并不是难应付，但是因为你不能有丝毫松懈，所以会感到很累。如果仅仅是身体疲劳，而心情不错的话就不是问题，但是需要注意一定不要弄得身心俱疲。尽可能把工作处理好，请注意不要过多参与公司内部的事情。公司的总负责人也许没有你的上司那么认真。

如果你的上司是平庸型的话

跟着这样的上司你可能会很累。建议你好好记住要领，掌握适当休息的方法。

如果你的上司是无责任型的话

明确地说，这个上司是一个很固执的技师。如果你仔细地观察的话可能会学到很多东西，但是想要把那些变成自己的本领就需要付出很大努力了。

如果你的上司是没用型的话

由于你不小心的一句话，可能会受到上司的责问。要注意不要让上司记恨你。

评价值的计算

利用这个分数计算上司的评价值吧。计算的时候，参照下页的一览表，可以找出各轴分数所对应的评价值。例如，当你的上司是"精英型"的话，且Q 3的分数是"27"，Q4的分数是"24"，那么对应的Q3的评价值为"1 136"，Q4的评价值为"656"。

相反，你的上司不是"精英型"的话，同样分数对应的Q3的评价值为"568"，Q4的评价值为"328"。

Q3的评价值：

Q4的评价值：

这种评价方法被称为"凹型评价"。与中间的得分相比，两端的得分会得到更高的评价值。如果是优等生的话就要有优等生的样子。是兢兢业业型的话，就要完全忠于职务，如果做得不彻底的话，任何人都不会给予评价的。

而且这里的类型学是"精英型"的补充类型，所以在这里"精英型"的上司会得到很高的评价。

评 价 值 一 览 表

●适用于“精英型”上司

要点	评价值
31	2 000
30	1 760
29	1 536
28	1 328
27	1 136
26	960
25	800
24	656
23	528
22	416
21	320
20	240
19	176
18	128
17	96
16	80

要点	评价值
31	80
30	96
29	128
28	176
27	240
26	320
25	416
24	528
23	656
22	800
21	960
20	1 136
19	1 328
18	1 536
17	1 760
16	2 000

●适用于“非精英型”上司

要点	评价值
31	1 000
30	880
29	768
28	664
27	568
26	480
25	400
24	328
23	264
22	208
21	160
20	120
19	88
18	64
17	48
16	40

要点	评价值
31	40
30	48
29	64
28	88
27	120
26	160
25	208
24	264
23	328
22	400
21	480
20	568
19	664
18	768
17	880
16	1 000

◎专　　栏◎

公司中有各种各样的人。即使是在论资排辈的终身雇佣制时代,也不是所有的人都能成为部长或担任重要职务的。这其中既有从年轻时就以将来能够担任公司重要职务的候补为目标的人,也有从一开始就认为自己顶多只能做到科长的人。

事实上,在公司看来这两种人才都是必要的人才。只要让非常内行并且经验丰富的科长来处理日常业务,公司就能正常运转下去。如果想要把日常业务和公司的整体利益衔接起来,就需要能将各项工作进行统一的系统结构,在结构体系中的各阶段都起着不同的作用。比如,总经理、部门经理等等。

在组织体系中,理想的领导人应该是像"岛耕作本部长"那样的,而不是比他差一点的人或是没做到本部长的年轻的科长。这些与能力和年龄没有关系,而是因为需要发挥的作用与必要的适应性有所不同。如果像"年轻的滨坂先生"那样做到了"营业本部长董事兼营业科长",那么这个人将来一定有可能成为社长的优秀员工。

"平庸型"是指,那些适合成为经验丰富的专家的人,而对于那些还不具备条件的人称为干部候补。在干部候补中极少的一部分人才是名副其实的"精英型",也可以说这些人是被周围人推举出来的。其中,还有一些人是从"平庸型"转变为"精英型"的。他们既有工作能力,又能精通组织体系,还能理解部下,不会蛮不讲理,还能吃苦耐劳等等,成了这样的实力雄厚的上司。

那么,你的目标是想成为什么样的上司呢?

管理学

part 3

然后从“管理学”的观点，对你的上司进行评价。

上司的补充类型Ⅱ

上司应该是把管理当做分内的职务。计划业务的进程，督促工作，监视结果。虽然部下应该接受上司的“计划”、“督促”、“监视”，但是因为部下并非机器，所以也未必一定会按照上司的想法工作。

想要操纵人做事情，并不是只靠命令就可以的。就算你给他们提供了操作指南，想要别人做到预想的效果，还需要有其他的办法。

在这方面有一些上司就做得很好。他们能够适当地操纵部下的行为，不亲自对每个细节加以控制，而是采用间接的控制方法，事先提出一定的必要条件，然后让部下自行安排具体方法。

还有一些上司无法将工作交给部下，凡事要亲历而为才能安心，其中有一些上司好比指导老师一样，会对每个细节进行详细说明，另外还有一些上司如同魔术师一样，通过巧妙的安排，表面上感觉下属在自由发挥，实际上的结果却是受到他的控制。

在这里的补充类型Ⅱ中，根据上司是否是不加以控制而客观地看待部下，还是把部下当做自己人，是指导者还是操纵者等方面，将上司分为了以下四个类型。

● 苦口婆心型：这种类型的上司很容易感情用事，不管什么事情，都会指示到细微之处。

● 魔术师型：这种类型的上司不会把自己的想法很直接地告诉部下，而是利用软硬兼施的方法操纵部下，使结果能够成为自己所想的那样。

● 以身作则型：这种类型的上司把本应部下做的工作都事先做了。部下如果能照着样子做还好，要是做不了的话，他就会放弃了。

● 教育型：这种类型的上司在间接操纵部下这方面跟魔术型的上司是一样的，但是他们更能发挥部下的能动性。

Question 5

你的上司与下面描述的符合程度如何？每道题的满分为 10 分，给你的上司打分吧。

①对部下总是一副冷冰冰的态度。
②事前会做好工作安排。
③核对结果时很严格。
④采用软硬兼施的方法。
⑤不会很啰嗦。

Q5 total 分

Question 6

你的上司与下面描述的符合程度如何？每道题的满分为 10 分，给你的上司打分吧。

①如果部下不按照自己的想法做事就不满意。
②不管什么都喜欢身先士卒。
③发挥指导作用，让部下跟随自己。
④交给部下的工作也忍不住插手。
⑤比较机智。

Q6 total 分

上司的补充类型 II 的判断方法

Q5 和 Q6 的合计分数就是各自的得分。横轴是 Q5 的总得分，纵轴是 Q6 的总得分。两轴交叉点所在的区域就是你的上司的在补充类型 II 中所属的类型了。

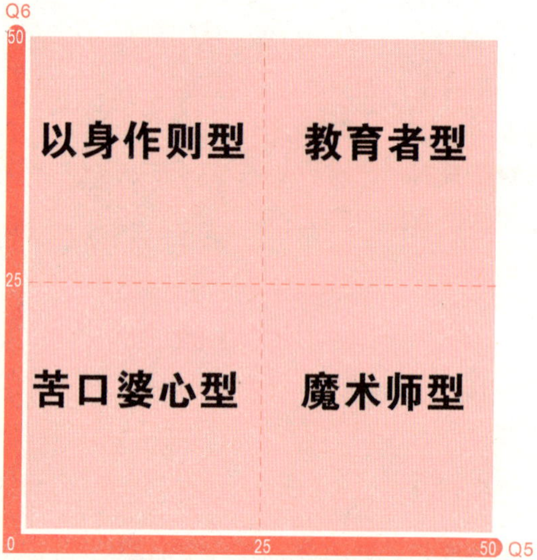

图 4　上司的补充类型 II

Q5 的得分 >25 分 & Q6 的得分 >25 分，属于“教育者型”。

Q5 的得分 <25 分 & Q6 的得分 <25 分，属于“苦口婆心型”。

Q5 的得分 >25 分 & Q6 的得分 <25 分，属于“魔术师型”。

Q5 的得分 <25 分 & Q6 的得分 >25 分，属于“以身作则型”。

但是，如果总得分是 25 分的话，说明你的上司具有双重性格。也可以再一次认真考虑每道题的得分，这也是一种方法。

根据 PART 3“管理学”分类得出的 4 种类型，非常适合用于对 PART 1 基本类型中的“平庸型”的补充。

●教育者型

如果你的上司是平庸型的话

跟这样的上司能建立起一种理想的上下属关系。在这类上司手下工作,你会成长为一个独当一面的人。如果业绩能上去的话,在不久的将来,你有可能超越你的上司而出人头地。

在遇到困难的时候,都可以放心地跟这类上司商量。他们应该会很高兴你能找他们商量。当努力工作有了成果的时候,他们一定会给你请功。保持感恩的心情。但是并不需要送礼。

如果你的上司是精英型的话

只要这类上司没当上社长,他们在公司就很有可能被孤立。你对上司的忠诚之心也要有个度,注意不要让自己也被孤立了。

如果你的上司是无责任型的话

注意不要沾染上奇怪的癖好。对不合理的要求要果断地说"NO"。

如果你的上司是没用型的话

你早晚会受不了这类上司的幼稚。请搞清自己的工作是什么。

●苦口婆心型

如果你的上司是平庸型的话

跟这种上司能够比较愉快地相处。这一类型的上司可能会比较啰嗦，但要求却并不是很苛刻，这是很难得的。不过工作业绩能不能上去还是得靠你自己。在这一点上绝对不要混淆。

在你困难的时候，这类上司一定会给你提供一些意见，不过他们所说的未必有用。答案只能靠你自己去寻找。在工作失败的时候，他们很有可能会庇护你。尽量好好利用上司吧。

如果你的上司是精英型的话

跟这种上司会成为"勉强维持家庭"的气氛。随着他们调动岗位会吃苦头，所以不要过于接近他们为好。

如果你的上司是无责任型的话

这种上司可能会依赖你。如果你过于得意的话，可能会有让你负意想不到的责任的危险。

如果你的上司是没用型的话

比起作为上司，他们更像是你的学长。但是他们也有可利用的地方。

●魔术师型

如果你的上司是平庸型的话

因为他们很会利用人，你也一定想离他们远点吧。还不如想开点，如果能掌握上司的手段的话，会得到很大的益处。在某种程度上能够学到东西。

当你在工作上遇到困难的时候，最好不要找这类上司商量。就算当时感觉很好，往往过后你会亏。就算工作顺利，那也不会成为你的功劳。就算是被上司在背后捅了一刀，你也只能甘认倒霉了。

如果你的上司是精英型的话

请注意不要在工作上踩到地雷了。否则就会同上司一起被撤职。

如果你的上司是无责任型的话

你会逐渐发现这类上司的狡猾之处。他们装作不知道的样子，其实一直在观察着你。不要被他们的外表骗了。

如果你的上司是没用型的话

这类上司很不善于评论。所以没有必要把他们的话放在心上。

●以身作则型

如果你的上司是平庸型的话

和其他部门比较起来,你所在的部门的工作可能会很多。完不成的话也不用担心,你的上司可能会帮你做。但那样的话就说明你无法胜任这里的工作。所以你在不知不觉中就会努力过头。

因为根本没有时间与上司谈自己的困难,所以你在公司也只能一个劲儿地工作了。虽然在工作上你几乎不会出现失败,但是作为公司的带头人的艰辛却是不可避免的。

如果你的上司是精英型的话

你总是被毫无理由地要求帮忙完成这类上司手头剩下的工作。最终以徒劳告终的概率很大,所以还是看清楚准备抽身吧。

如果你的上司是无责任型的话

就算是上司一个人很努力,最好也不要真心地跟随他,这是为了你自己好。因为不知道他什么时候一翻脸就把你抛弃了。

如果你的上司是没用型的话

如果按照他们的做法去做的话,会经常失败。他们不会做上司太久的,请等待时机吧。

评价值的计算

利用 Q5 和 Q6 的分数，并参照下页的一览表计算上司的评价值吧。

Q5 的评价值：

Q6 的评价值：

这个评价方法被称为“凸型评价”。与两端的得分相比，中间的得分会得到更高的评价值。Q5 中是根据“上司是否能客观地看待部下，还是把部下当做自己的人”来评价上司的。你应该能看出来比起极端的还是一般的比较好。例如，作为部下来说，如果上司总是一副冷冰冰的态度固然令人讨厌，但是为了派阀斗争对你太过亲昵的上司也让人受不了。

Q6 中是根据上司指挥者还是操纵者来评价上司的。这道题中也是一般的比较好。例如，不管是想让部下按照自己的想法工作的上司，还是不管什么不身先士卒就放心不下的上司，都让人喘不过气。

因此，Q5 和 Q6 这两道题得分一般最好。对部下既不太亲昵也不太搭理的上司评价最高。这里的类型学是“中庸型”的补充类型，所以在这里对“中庸型”的上司的评价会很高。

评 价 值 一 览 表

●适用于“平庸型”上司

要点	评价值	要点	评价值	要点	评价值
50	78	33	1 803	16	1 751
49	229	32	1 849	15	1 692
48	373	31	1 889	14	1 629
47	512	30	1 923	13	1 557
46	644	29	1 951	12	1 480
45	770	28	1 972	11	1 397
44	890	27	1 988	10	1 308
43	1 004	26	1 997	9	1 218
42	1 111	25	2 000	8	1 111
41	1 213	24	1 997	7	1 004
40	1 308	23	1 988	6	890
39	1 397	22	1 972	5	770
38	1 480	21	1 951	4	644
37	1 557	20	1 923	3	512
36	1 628	19	1 889	2	373
35	1 692	18	1 849	1	229
34	1 751	17	1 803	0	78

●适用于“非平庸型”上司

要点	评价值	要点	评价值	要点	评价值
50	39	33	902	16	875
49	114	32	925	15	846
48	187	31	945	14	814
47	256	30	962	13	779
46	322	29	975	12	740
45	385	28	986	11	699
44	445	27	994	10	654
43	502	26	998	9	606
42	556	25	1 000	8	556
41	606	24	998	7	502
40	654	23	994	6	445
39	699	22	986	5	385
38	740	21	975	4	322
37	779	20	962	3	256
36	814	19	945	2	187
35	846	18	925	1	114
34	875	17	902	0	39

经济学

part 4

再从“经济学”的观点，
对你的上司进行评价。

上司的补充类型Ⅲ

公司是一个经济主体，具有一套运用人力、物力、财力来赚钱的体系。上司与部下的关系只有在这个体系中起到相应的作用才会有意义。从公司利益来看，因为人数过多的中间管理层会导致成本过高而会压迫正常运转，所以公司会想很多办法来缩减被称为"上司"的人数。最近流行的一种公司结构重组体系，就是利用电子情报网，由公司的总负责人直接控制末端，从而省去中间管理层的一种方式。从前的管理层人员，已经面临被淘汰的时代了。

如果把公司看作一个经济主体，那么根据不同的视点，人与人的关系也会有所不同。从微观角度来看，每个员工都会被分配到各自不同的业务之中，之后再统合到整个公司里面。或者从宏观角度来看，这些是由需要完成的指标，比如销售额与销售员人数之间的关系，而构成整个体系，随着上司的视点不同，日常行动就会发生改变。如果上司是前者的话，那就可以说他有个人主义倾向；是后者的话，就可以说他有整体主义倾向。

公司也是一个小社会，所以不得不满足员工提出的各种要求。在这时候，根据不同的出发点"从员工的待遇出发"，还是"从公司的事由出发"，得出的答案也是不相同的。上司如果想要摆脱左右为难的状况，就要以一方面为主另一方面为辅。

这种差异，不能说哪个对或哪个错，而是由上司在公司的经历以及进入公司前的背景决定的。根据这个基准，可以把上司分为下面四种类型。

- 补偿原理型
- 费用最小型
- 帕累托型
- 凯恩斯型

Question 7

一边回想你的上司，一边用 YES 或 NO 回答下面的问题。YES 的话，就回答 1，NO 的话，就回答 0。

①担心公司的整体业绩。
②有令人感到意外的宽宏大量之处。
③就算你做得特别好，也不会表扬你。
④不管是付什么账从不 **AA** 制。
⑤有时会弄错部下的名字。

①	②	③	④	⑤

Question 8

一边回想你的上司，一边用 YES 或 NO 回答下面的问题。YES 的话，就回答 1，NO 的话，就回答 0。

①想要做个好上司。
②经常听取部下意见。
③对公司的方针持批判态度。
④喜欢按多数人的意见决定事情。
⑤讨厌过细的计算。

①	②	③	④	⑤

上司的补充类型Ⅲ的判断方法

首先根据答案的排列方式在下表中找出对应的得分数。例如，如果 Q7 的答案是①YES、②YES、③NO、④YES、⑤YES，排列顺序即为“1、1、0、1、1”。在下面的表格中，这个排列顺序对应的得分为 27 分。以同样的方法，找出 Q8 对应的得分。

问题①	问题②	问题③	问题④	问题⑤	得分
1	1	1	1	1	31
1	1	1	1	0	30
1	1	1	0	1	29
1	1	1	0	0	28
1	1	0	1	1	27
1	1	0	1	0	26
1	1	0	0	1	25
1	1	0	0	0	24
1	0	1	1	1	23
1	0	1	1	0	22
1	0	1	0	1	21
1	0	1	0	0	20
1	0	0	1	1	19
1	0	0	1	0	18
1	0	0	0	1	17
1	0	0	0	0	16
0	1	1	1	1	15
0	1	1	1	0	14
0	1	1	0	1	13
0	1	1	0	0	12
0	1	0	1	1	11
0	1	0	1	0	10
0	1	0	0	1	9
0	1	0	0	0	8
0	0	1	1	1	7
0	0	1	1	0	6
0	0	1	0	1	5
0	0	1	0	0	4
0	0	0	1	1	3
0	0	0	1	0	2
0	0	0	0	1	1
0	0	0	0	0	0

根据 Q7 和 Q8 的得分，就能知道你的上司属于补充类型Ⅲ中的哪种类型。

横轴为 Q7 的得分，纵轴为 Q8 的得分，得分交叉点所在的区域就是你的上司在补充类型Ⅲ中所属的类型。

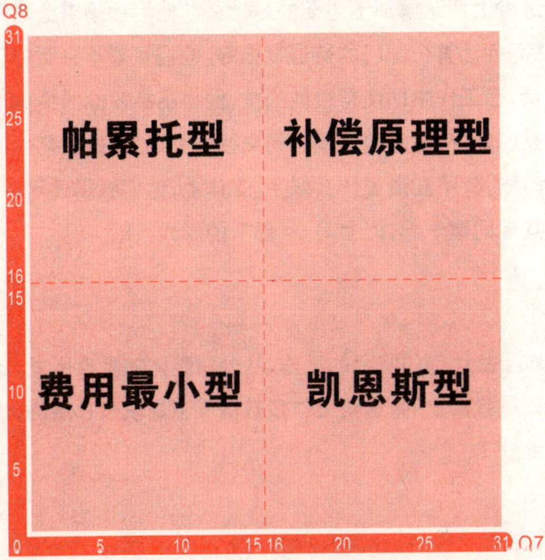

图 5　上司的补充类型Ⅲ

Q7 的得分 >16 分 & Q8 的得分 >16 分，属于“补偿原理型”。

Q7 的得分 <15 分 & Q8 的得分 <15 分，属于“费用最小型”。

Q7 的得分 >16 分 & Q8 的得分 <15 分，属于“凯恩斯型”。

Q7 的得分 <15 分 & Q8 的得分 >16 分，属于“帕累托型”。

根据 PART 4“经济学”中分类得出的 4 种类型，非常适合用于对 PART 1 基本类型中的“无责任型”的补充。

●补偿原理型

如果你的上司是无责任型的话

这种上司了解部下想要的是什么，他们会不求虚名只重实利，从而会让整个部门的待遇都很好。他们可能不会听你说私人的事情，在工作中即使帮过他的忙，他也不会领你的情。

在团队中，虽然他们是容易交往的上司，但是只剩你们两个人的时候，就不知道说什么好了。工作上，他们做得还可以。你最好跟其他同事一起，以上司 vs 部下的形式行动。

如果你的上司是精英型的话

对于会让部门吃亏的工作，从公司整体的观点出发，这类的上司还是会接受的。这些工作多数情况下是没有补偿的，也只能默默地做了。

如果你的上司是平庸型的话

借给别的部门的东西，一定会要回来。要注意，如果做得过分的话，部下会受到其他部门的白眼。

如果你的上司是没用型的话

就算部下很不满，这种上司也拿不出什么办法。部下只能通过发牢骚或者跟同事喝酒来让心情舒畅一些。

●费用最小型

如果你的上司是无责任型的话

在工作中你不用过于努力吧。因为你的上司认为什么都不做才是最经济实惠的。就算不努力工作,顺利的时候就是顺利。就算努力工作,不行的时候还是不行。这就是上司的哲学。

虽然跟这种上司也能建立起私人关系,但那是需要一定修养的。这种"省力型"的上司在公司遭遇危机的时候会意外地发挥作用。不要去想创造成绩,还是按照符合自己的方式为将来做准备。

如果你的上司是精英型的话

跟你的上司学学合理的生存方法。如果没有这种心情的话,工作会是件很痛苦的事。

如果你的上司是平庸型的话

你有没有在心里说过"糟糕透了"的时候。你也许会慢慢讨厌去公司。这类上司在经济高度成长时期是骄子,有时会被当做20世纪的遗物备受珍重。

如果你的上司是没用型的话

可能所有的部下都不会把这类上司放在眼里吧。也许只会认为这是公司分配不当而造成的。

●凯恩斯型

如果你的上司是无责任型的话

这类上司是值得依赖的。你可以高兴地、轻松自由地工作。虽然不知道会不会有成果，但是其实不必去在意那种事情。虽然上面的人不是很清楚你的上司为公司利益所作的贡献，即使是这样，这类上司还是能够赢得信赖的。

就算是上司，也只是想最低限地交往就可以了，所以你还是不要在人际关系上花太多的心思。

如果你的上司是精英型的话

这类上司是公司未来负责人的候选。如果他们在工作中失败的话，公司会蒙受损失，所以作为他们的部下也不能掉以轻心。不过有时也会因为风言风语而被撤职。

如果你的上司是平庸型的话

这类上司是典型的务实型管理者。因为他们基本不会犯错误，所以你只要完全按照他的话努力工作就行了。

如果你的上司是没用型的话

有时候你会不知道他们说的是不负责任的意见还是业务上的命令。最好是明确之后再去工作。

●帕累托型

如果你的上司是无责任型的话

与工作是否取得成果无关，如果部下全体一致提出意见的话，待遇就可能会得到大幅度的改善。其他部门对此也会很羡慕。不过这种改良方案上司是不会自己提出来的，所以需要部下能够团结。

这类上司并不擅长调节人际关系和积累细微改善，所以即使去找他商量也起不到作用。他们在公司能合理分配全体人员的手段很不一般。

如果你的上司是精英型的话

这种类型的上司是个典型的个人主义者，在他没确定你是个可靠的人之前，跟他交往起来可能会比较困难。

如果你的上司是平庸型的话

这种类型的上司是个保守顽固的人。几乎所有的新提案都会被驳回。

如果你的上司是没用型的话

你所在的部门慢慢会变成一个志愿的市民团体。可能都称不上是工作。

评价值的计算

利用 Q7 和 Q8 的分数来计算一下上司的评价值吧。看下一页的一览表，算出所对应的评价值。

Q7 的评价值：

Q8 的评价值：

这个评价方法被称为“凹型评价”。与中间的得分相比，两端的得分会得到更高的评价值。

Q7 中是根据上司是把整个公司作为出发点，还是把每个职员作为出发点来评价上司的。如果不明确到底是哪种看法的话，就会模棱两可，作出一些矛盾的判断。

Q8 中是根据上司如何调节来自上面的要求和来自下面的要求来作评价的。不明确地确定立场的话经常会陷入左右为难的状态，这不管是对公司还是对部下来说都会带来好结果。

所以在 Q7 和 Q8 中，极端、明确的立场，得到评价值比较高。不管是上面还是下面，对于观望形势的上司是不会给予好的评价的。通常，果断的态度对部下来说更好些。就算是部下跟自己的想法不一样，也可以找到其他的应对方法。喜欢和不喜欢跟评价完全无关。

这里的类型学是“无责任型”的补充类型，所以在这里对“无责任型”的上司的评价会很高。

评 价 值 一 览 表

●适用于“无责任型”上司

要点	评价值
31	2 000
30	1 760
29	1 536
28	1 328
27	1 136
26	960
25	800
24	656
23	528
22	416
21	320
20	240
19	176
18	128
17	96
16	80

要点	评价值
15	80
14	96
13	128
12	176
11	240
10	320
9	416
8	528
7	656
6	800
5	960
4	1 136
3	1 328
2	1 536
1	1 760
0	2 000

●适用于“非无责任型”上司

要点	评价值
31	1 000
30	880
29	768
28	664
27	568
26	480
25	400
24	328
23	264
22	208
21	160
20	120
19	88
18	64
17	48
16	40

要点	评价值
15	40
14	48
13	64
12	88
11	120
10	160
9	208
8	264
7	328
6	400
5	480
4	568
3	664
2	768
1	880
0	1 000

◎专　栏◎

不管是个人还是公司，都希望用最小的努力获得最大的效果。

但是，这是不可能实现的。

先是作出一定的牺牲然后谋求最大的利益，或者是先确定想要得到的结果然后使投入的努力最小化，再者就是当两者都差不多程度就满足了。只有这三种方法。

公司的上司通常是夹在上面和下面中间的三明治状态。所以就要求他们同时采用这三种方法。

部下们会有很多要求。"想过好生活""想要充实感""想愉快地工作"……这些要求可以从部下在公司的日常生活中的不满情绪中表现出来。尽可能想把部下们具体的不满降到最小化的上司属于需求型，他们适用于帕累托型和补偿原理型上司的经济学理论。

另一方面，公司的要求也很苛刻。"要达到目标任务""节约经费""再努力一些"……达到这些要求之后还会不断变大，没有止境。想要尽可能达成要求，维系公司利益的上司属于供给型，他们适用费用最小型和凯恩斯型上司的经济学理论。

如果上司的想法是合理的，就会避免陷入左右为难的状态，并采用其中的一个理论。不过人的能力是有限的，不可能总是合理的。因此，作为上司是很为难的。

如果你成为上司的话，会采用什么样的方法来管理呢?

心理学

part 5

最后从“心理学”的观点，对你的上司进行评价。

上司的补充类型Ⅳ

上司在公司中，如果是“像成群蚂蚁的角色”的话，就只能说他们过于顺应集体组织了。这样的上司，没有充分理解部下也是人的道理。他们为了保护自己，在无意识中总是会做出很多有问题的行为。

如果不是那样，能够作为真正的一个人的上司会称为“可靠型”。即使是那样的人，也会经常遇到工作不顺利或是在公司得不到自己希望的职位等不顺利的事情，经过长期积累而会陷入严重自卑中。作为补偿行为，他希望能在工作之外的其他世界中得到满足，找到自己。这种类型被称为“阿德勒型”。

还有一些上司跟上面叙述的两种类型都不一样，他们会通过在上司和部下的矛盾中，开辟出自己的道路。希望这种上司能尽早去精神分析师那里就诊。天生就内向有太多隐私的“荣格型”，或者因过多的压抑而无意识地表现出攻击性和性障碍的“弗洛伊德型”都属于这种类型。这两种类型经常被作为精神分析的典型案例，通过适当的心理咨询，他们会奇迹般地从这些问题中解脱出来。

上司如果在行动上出现问题会给工作带来不便，所以根据上司的类型，表现出适当的尊重等也是作为部下很重要的扮演角色。要注意的是，如果连你也在无意识中反驳上司的话，可能就会陷入人际关系的泥潭之中。虽然可以同情他们心里受到伤害，但是为了保护自己的安全，最好不要在人性问题方面陷得太深。

Question 9

你的上司与下面描述的符合程度如何？每道题的满分为 10 分，给你的上司打分吧。

①自尊心很强。
②作为社会人很受尊重。
③很重视个人时间。
④平时很和蔼，但生气的时候很可怕。
⑤在别人面前不会表露弱点。

Q9 total 　　　　分

Question 10

你的上司与下面描述的符合程度如何？每道题的满分为 10 分，给你的上司打分吧。

①他们在人格上是值得信赖的。
②工作上的失败要在工作上挽回。
③没有过激的行为。
④没有过奇怪的情结。
⑤可以忍受轻微的性骚扰言论。

Q10 total 　　　　分

上司的补充类型Ⅳ的判断方法

Q9 和 Q10 的合计分数就是各自的得分。横轴是 Q9 的总得分，纵轴是 Q10 的总得分。两轴交叉点所在的区域就是你的上司在补充类型Ⅳ中所属的类型了。

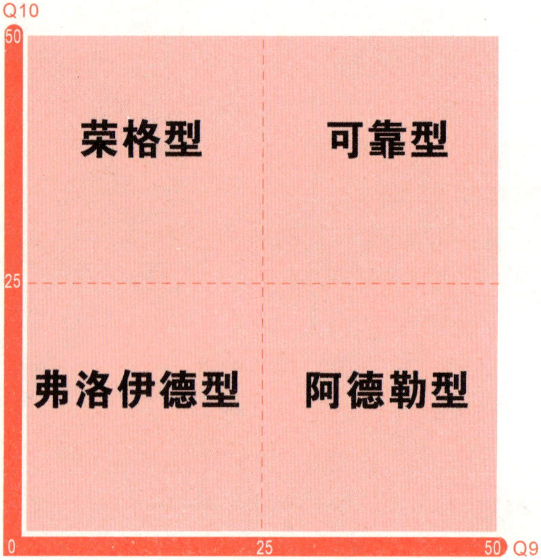

图 6　上司的补充类型Ⅳ

Q9 的得分 >25 分 & Q10 的得分 >25 分，属于“可靠型”。

Q9 的得分 <25 分 & Q10 的得分 <25 分，属于“弗洛伊德型”。

Q9 的得分 >25 分 & Q10 的得分 <25 分，属于“阿德勒型”。

Q9 的得分 <25 分 & Q10 的得分 >25 分，属于“荣格型”。

但是，如果总得分是 25 分的话，说明你的上司具有双重性格。也可以再一次认真考虑每道题的得分，这也是一种方法。

根据 PART 5“心理学”分类得出的 4 种类型，非常适用于对 PART5 基本类型中的“没用型”的补充。

●可靠型

如果你的上司是没用型的话

不用太在意工作上的失败，注意私人之间的交往。但是，在公司之外过于交往的话，可能会陷入进退两难中，尤其是当你的上司是异性的时候，还是节制一点为好。

当你遇到困难的时候，什么事都可以跟他们商量。当上司情绪低落的时候，你就微笑着跟他打个招呼。但是，如果尝试着分析上司的心理，他就可能真的生气。相互之间能够以普通市民的身份接触是最重要的。

如果你的上司是精英型的话

也许你会想"这么优秀的人怎么会没山人头地呢"。但是丁万不要把这种话说出来。

如果你的上司是平庸型的话

你工作场所的气氛可能是认真、朴实的吧。每天按部就班地做着日常工作，不会受表扬也不会出问题。你可能会觉得无聊。

如果你的上司是无责任型的话

你可能每天都过得很快乐。上司可能会毫不在意地做出一些与工作无关的举动，如果他劝诱你的话还是拒绝为好。

●弗洛伊德型

如果你的上司是没用型的话

这类上司可能会忍不住想要加入部下的圈子中。即使他有一些毛病，也不要孤立他，如果能包容的话，他在无意识中就会被同化。

上司很想主动和你商量。就算是跟工作无关的事情，只要他想跟你商量，你就只好认认真真地听他说了。不管怎样，你都要具有听他们唠叨的忍耐力。如果没有什么害处，就宽容地接受他们吧。

如果你的上司是精英型的话

当工作不顺利的时候，经常爱拿部下撒气。因为这种攻击性是他们下意识的行为，所以也无从改变。你每天也只能小心翼翼了。

如果你的上司是平庸型的话

要注意被性骚扰。这种上司的性冲动是不管用什么方法都控制不了的。重要的是要果断地表现出拒绝的态度。

如果你的上司是无责任型的话

就算是上司喜欢部下“妖艳”的打扮，因为你并不想把那种装束带到公司来，所以还是装作不知道的样子专心工作吧。

●阿德勒型

如果你的上司是没用型的话

这类上司在公司之外是非常活跃的类型。他们通常不会要求加班，因为在工作时间内能够完成，所以作为部下没必要特别努力。

如果你们兴趣相投的话，可能会建立很好的关系。这种上司可以成为你从公司自立的参考。作为离开公司也能自立的一个人，对你在生活中可能会起到参考作用。

如果你的上司是精英型的话

留心，不要触及上司复杂的情绪。他们对权力的意志很强烈，所以最好祈祷在工作上不要犯错误。

如果你的上司是平庸型的话

你可能会受不了他们的炫耀。不过，这类上司多数是因为自卑才会这样的，你还是不要跟着掺和为好。

如果你的上司是无责任型的话

也许你每天过着地狱般的生活。上司的攻击性都是冲着部下的。如果是这种情况的话，就需要进行精神治疗了，就交给专家吧。

●荣格型

如果你的上司是没用型的话

很容易理解这种上司的个性。虽然外向型和内向型有所不同，但是按照你留给上司的印象和他接触是不会错的。

如果进行精神分析的话，你们之间也许会找出共同点。你们彼此都不希望过于依赖别人，所以还是放松一点为好。

如果你的上司是精英型的话

插图中描绘的正是这种上司。也许因为他们太过古板，可能会很无趣。

如果你的上司是平庸型的话

全体部下可能在无意识中过于依赖这种上司。因为那些并非是从经验中得来的，只是大家共同的幻想，所以可能最终会消失。

如果你的上司是无责任型的话

部下可能会被上司的工薪阶层的想法感化，都变得没有紧张感。还是尽量不要反驳他为好。

评价值的计算

使用 Q9 和 Q10 的分数，参照下一页的一览表算出上司的评价值。

这个评价方法被称为“凸型评价”。与两端的得分相比，中间的得分会得到更高的评价。

Q9 的评价值：

Q10 的评价值：

Q9 是根据你“按照自己的方式生存”还是“经营社会的生活”需要根据专家的意见来评价的一轴。谁都不喜欢得分在两侧的人，如果自己的上司是这种类型，就会很困扰了。在这个轴中，部下期望的是得分在中间的上司。

Q10 是评价是否重视共有的社会基础的轴。但是如果上司的性格较内向的话，部下就很难理解，觉得受到束缚，觉得很吃力，跟不上他们。

相反，如果这一轴的得分低的话，这类上司可能会以一种奇怪的态度跟部下接触。他们以前可能受过刺激，有可能表现出不可想象的性骚扰或暴力行为。Q10 的得分也是在中间为最好。

从这层意义上讲，还是适用于凸型评价。

这里的类型学是“平庸型”的补充类型，所以在这里对“平庸型”的上司的评价会很高。

评价值一览表

●适用于"没用型"上司

要点	评价值	要点	评价值	要点	评价值
50	78	33	1 803	16	1 751
49	229	32	1 849	15	1 692
48	373	31	1 889	14	1 629
47	512	30	1 923	13	1 557
46	644	29	1 951	12	1 480
45	770	28	1 972	11	1 397
44	890	27	1 988	10	1 308
43	1 004	26	1 997	9	1 218
42	1 111	25	2 000	8	1 111
41	1 213	24	1 997	7	1 004
40	1 308	23	1 988	6	890
39	1 397	22	1 972	5	770
38	1 480	21	1 951	4	644
37	1 557	20	1 923	3	512
36	1 628	19	1 889	2	373
35	1 692	18	1 849	1	229
34	1 751	17	1 803	0	78

●适用于"非没用型"上司

要点	评价值	要点	评价值	要点	评价值
50	39	33	902	16	875
49	114	32	925	15	846
48	187	31	945	14	814
47	256	30	962	13	779
46	322	29	975	12	740
45	385	28	986	11	699
44	445	27	994	10	654
43	502	26	998	9	606
42	556	25	1 000	8	556
41	606	24	998	7	502
40	654	23	994	6	445
39	699	22	986	5	385
38	740	21	975	4	322
37	779	20	962	3	256
36	814	19	945	2	187
35	846	18	925	1	114
34	875	17	902	0	39

上司的价值是多少？

part 6

将 PART2 到 PART5 算出的“评价值”相加，这样就可以得出上司的综合评价和价值！

“上司的价值是多少？”快速鉴定法

①首先通过 Q1 和 Q2 判断上司的基本类型。

Question 1

如果你认为自己的上司符合下面的描述，就画 O，如果不符合就画 ×，如果感觉都不适合就画 △。

①完全是一个工作狂，对公司之外的事情几乎没有兴趣。
②通晓公司内部的情报，具有扎实的公司内部联络网。
③对新事物没有兴趣，更不想插手去做。

（回答是 × 的话得 10 分，△ 的话得 5 分，O 的话得 0 分，请计算总得分。）

Q1 total 分

Question 2

你的上司与下面描述的符合程度如何？每道题的满分为 10 分，给你的上司打分吧。

①很会照顾人，但有时候也会多管闲事。
②“自己是管理层”的想法很强烈。
③虽然认为上司要承担最终责任，但也很会转嫁责任。

（算出三个问题的总得分）

Q2 total 分

➲ 请看一下第 6~7 页的“判断上司的基本类型”。
●你的上司的基本类型：
（这个基本类型跟 Q3 算出的评价值有关。）

②算出 Q3 到 Q10 的评价值。

Question 3

一边回想你的上司，一边用 YES 或 NO 回答下面的问题。YES 的话，就回答 1，NO 的话，就回答 0。

①很讲究，有上司的样子。
②若无其事地穿着名牌，很时髦。
③喜欢别人称赞他工作上的业绩。
④和部下一起去吃饭的时候，一定要自己付钱。
⑤让人感觉他是个脑袋转得很快的人。

①	②	③	④	⑤	➲得分	➲评价值

（⇒在第 28 页的表中找到“得分”，通过第 34~35 页的一览表算出“评价值”）

Question 4

一边回想你的上司，一边用 YES 或 NO 回答下面的问题。YES 的话，就回答 1，NO 的话，就回答 0。

①总是按规矩办事。
②慢慢地走，绝对不会跑。
③仔细检查是否按照规则工作。
④不相信部下的借口。
⑤早上总是比部下早到公司。

①	②	③	④	⑤	➲得分	➲评价值

（⇒在第 28 页的表中找到“得分”，通过第 34~35 页的一览表算出“评价值”）

Question 5

你的上司与下面描述的符合程度如何？每道题的满分为 10 分，给你的上司打分吧。

①对部下总是一副冷冰冰的态度。
②事前会做好工作安排。
③核对结果时很严格。
④采用软硬兼施的方法。
⑤不会很啰嗦。

Q5 total	➲得分	➲评价值

（⇒合计分数就是“得分”，通过第 45~46 页的一览表算出“评价值”）

Question 6

你的上司与下面描述的符合程度如何？每道题的满分为 10 分，给你的上司打分吧。

①如果部下不按照自己的想法做事就不满意。
②不管什么都喜欢身先士卒。
③发挥指导作用，让部下跟随自己。
④交给部下的工作也忍不住插手。
⑤比较机智。

Q6 total	➡得分	➡评价值

（⇒合计分数就是"得分"，通过第 45~46 页的一览表算出"评价值"）

Question 7

一边回想你的上司，一边用 YES 或 NO 回答下面的问题。YES 的话，就回答 1，NO 的话，就回答 0。

①担心公司的整体业绩。
②有令人感到意外的宽宏大量之处。
③就算你做得特别好，也不会表扬你。
④不管是付什么账从不 AA 制。
⑤有时会弄错部下的名字。

①	②	③	④	⑤	➡得分	➡评价值

（⇒在第 50 页的表中找到"得分"，通过第 56~57 页的一览表算出"评价值"）

Question 8

一边回想你的上司，一边用 YES 或 NO 回答下面的问题。YES 的话，就回答 1，NO 的话，就回答 0。

①想要做个好上司。
②经常听取部下意见。
③对公司的方针持批判态度。
④喜欢按多数人的意见决定事情。
⑤讨厌过细的计算。

①	②	③	④	⑤	➡得分	➡评价值

（⇒在第 50 页的表中找到"得分"，通过第 56~57 页的一览表算出"评价值"）

Question 9

你的上司与下面描述的符合程度如何？每道题的满分为 10 分，给你的上司打分吧。

①自尊心很强。
②在社会上很受尊重。
③很重视个人时间。
④平时很和蔼，但生气的时候很恐怖。
⑤不会让他人看到自己的弱点。

Q9 total	➡得分	➡评价值

（⇒总分就是“得分”，通过第 67~68 页的一览表算出“评价值”）

Question 10

你的上司与下面描述的符合程度如何？每道题的满分为 10 分，给你的上司打分吧。

①他们在人格上是值得信赖的。
②工作上的失败要在工作上挽回。
③什么事都不能一次了断。
④没有奇怪的情节。
⑤可以忍受稍微的性骚扰言论。

Q10 total	➡得分	➡评价值

（⇒总分就是“得分”，通过第 67~68 页的一览表算出“评价值”）

③ 把 Q3 到 Q10 的评价值相加。

将 Q3 到 Q10 的 8 个评价值相加，分数在最高 10 000 分和最低 316 分之间。如果算出的数值不在这个范围的话，可能是你在计算上哪里出了错误。如果是那样的话，请重新再检查一遍。

Q3	Q4	Q5	Q6	Q7	Q8	Q9	Q10	合计

④将合计的评价值除以 100，换算成满分为 100 的分数。

将算出的正确分数除以 100。

这个分数在最高 100.00 分和最低 3.16 分之间。这个得分就是你的上司的综合评价分数。

这个综合评价分数分成了四个阶段，在下一页有详细介绍。

不过说到底这个分数仅仅是作为参考，因为本书的目的并不是算出这个综合评价。即使是这么说，大家应该对自己上司的综合评价得分还是很感兴趣的。所以当算出你的上司的得分后，按照"我的上司○○科长:48.59 分。△△组长:52.75 分。"这样出声地读出来吧。

这个分数并不是按照满分是 100 分，使用减分法算出来的。而是将上司的优点相加得出的分数。因此，就算综合评价为 10 分，也不意味着你的上司比你理想中的上司低 90 分。用正面的思维方式考虑，你的上司还具有 10 分的优点。这样的话，你对上司也可以有个交代。

顺便说一下，这个样品曾经统计的平均分是 34.74 分。

如果你的上司的评价分数在平均分以上的话，那你就需要重新认识一下你的上司为好。因为对于你来说，你的上司肯定不是不好的上司。就算有缺点，也是你们之间相互的。也许你也需要自我反省一下。相反，如果你的上司的得分在平均分以下的话，那也只能认命了。是努力让上司改变一些、完全忽视上司、还是祈求上司被调离……这些都需要你自己决定。虽然什么都怪在公司头上是最简单的……

你的上司的综合评价分数 [　　] 分 / 满分 100 分

上司的综合评价

综合评价在75分以上的上司

优秀的上司。

总是会认为别人的东西好。如果这样的上司还不满足你的话,那你就无法生存了。当然在工作跟上司之间肯定会有各种各样的问题。但是如果他是你的上司的话,就算你直接说出自己的想法也没关系。

综合评价在35分到75分之间的上司

合格的上司。

你的上司跟你一样也是工薪阶层。他们并非是因为工作特别突出,是个优秀的人才而成为你的上司的。他们也是有很多缺点和很少的优点的普通人。为了顺利地工作,建议你跟上司相辅相成,互相帮助。

综合评价在10分到35分之间的上司

在他们的成绩表上经常会出现"请再努力"的评语。想要成为合格的上司还需要努力吧。受到这样的提醒后如果真的能努力的话,也许能成为比现在好一些的上司。但是如果他们努力的方式出现错误,沉迷于摆上司的架子,装腔作势的话,你还是提醒他的错误吧。

综合评价在10分以下的上司

实话实说的话,没用的上司。

他们本来就不适合做上司,不适合做上司的人不管怎么努力也不可能成为优秀的上司,所以这是无法改变的。让这种人成为你的上司是公司的错误。

⑤ 那么，算出上司的价值吧！

将综合评价值换算成价格。计算方法：综合评价值 x 288 万日元。不计小数点之后的数。用下面的一览表进行换算。例如，57 分的话，就先从左边一列 10 位数中选择 50，然后找到那一行的数字为 7 的一列所对应的数字。所对应的是 16 416。上司价值就为 1 亿 6 416 万日元。

	0	1	2	3	4	5	6	7	8	9
100	28 800	—	—	—	—	—	—	—	—	—
90	25 920	26 208	26 496	26 784	27 072	27 360	27 648	27 936	28 224	28 512
80	23 040	23 328	23 616	23 904	24 192	24 480	24 768	25 056	25 344	25 632
70	20 160	20 448	20 736	21 024	21 312	21 600	21 888	22 176	22 464	22 752
60	17 280	17 568	17 856	18 144	18 432	18 720	19 008	19 296	19 584	19 872
50	14 400	14 688	14 976	15 264	15 552	15 840	16 128	16 416	16 704	16 992
40	11 520	11 808	12 096	12 384	12 672	12 960	13 248	13 536	13 824	14 112
30	8 640	8 928	9 216	9 504	9 792	10 080	10 368	10 656	10 944	11 232
20	5 760	6 048	6 336	6 624	6 912	7 200	7 488	7 776	8 064	8 352
10	2 880	3 168	3 456	3 744	4 032	4 320	4 608	4 896	5 184	5 472
0	—	—	—	864	1 152	1 440	1 728	2 016	2 304	2 592

最高值是 2 亿 8 800 万日元，最低值是 864 万日元。如果得分是平均分 34.72，把小数也考虑上的话，大约是 1 亿日元。这个价值是作为综合评价值的“上司的价值”，与上司现在的年收入和所有资产无关。人的价值应该用这个人的一生来评价。如果现在预测上司的价值的话，就是上面的“上司的价值”。对人一生的价值的评价进行预测，就是用每年这个人的收入减去生活所必需的费用，用适当的折扣比例换算成现在的价值，再从合计中扣除现在的债务余额算出来的。

了解“上司的价值”，能够预测上司带来的各种事情，并可以考虑该如何应对。也就是可以提高你的“危机管理能力”。在上司使你为难之前能确认“上司的价值”，是作为 21 世纪的现代人应有的做法。